Anna und Leon auf der Baustelle – Groß- und Kleinschreibung

Der Pausenhof der Sonnenscheinschule soll schöner werden, am Wochenende wurde mit den Bauarbeiten begonnen. Zu Wochenbeginn sehen Anna, Leon und ihre Klassenkameraden aus dem Fenster eine große Baustelle.

Die beauftragte Baufirma hat einen Brief an die Eltern verfasst, den die Lehrerin Frau Reber heute mit in den Unterricht bringt. Herr Breitner, der den Brief geschrieben hat, hat allerdings alle Buchstaben großgeschrieben. So möchte Frau Reber den Brief nicht mit nach Hause geben, die Schüler sollen ihn erst richtig abschreiben.

BAU FIX

SEHR GEEHRTE ELTERN,

WIR VON BAUFIX SIND DIE BAUFIRMA, DIE MIT DER VERSCHÖNERUNG DES PAUSENHOFS IHRER KINDER BEAUFTRAGT IST.

AUFGRUND DER BAUARBEITEN WIRD ES IM UNTERRICHT IHRER KINDER IN DER NÄCHSTEN ZEIT ZU LÄRMBEDINGTEN STÖRUNGEN KOMMEN. HIERFÜR BITTEN WIR UM IHR VERSTÄNDNIS!

AM MITTWOCH MÖCHTEN WIR SIE UND IHRE KINDER GERN ÜBER UNSERE GENAUEREN PLÄNE INFORMIEREN. ANHAND EINER ZEICHNUNG WIRD BAULEITER HERBERT FANNINGER STÜCK FÜR STÜCK DIE NEUEN SPIEL- UND AUFENTHALTSECKEN ERKLÄREN, DIE DEN PAUSENHOF SCHMÜCKEN WERDEN. ALLE NEUEN WEGE WERDEN NATÜRLICH AUCH BREIT GENUG FÜR ROLLSTÜHLE SEIN.

WIR FREUEN UNS AUF DEN TERMIN UND IHR ZAHLREICHES ERSCHEINEN!

HERZLICHST, IHR FELIX BREITNER
(GESCHÄFTSFÜHRER BAUFIX)

1 Welche Wörter schreibt man groß und warum?

Lies den Elternbrief von der Firma Baufix genau durch und unterstreiche alle Wörter, die großgeschrieben werden müssen.

Folgende Wörter schreibt man groß:

- **Satzanfänge**
  Dies gilt auch nach einem Doppelpunkt, wenn ein ganzer Satz folgt.
  Beispiel: **D**er Mann erkannte: **A**n der Ecke stand sein Bruder.
- **Nomen** (Namenwörter)
  Du erkennst Nomen daran, dass du einen der Artikel (Begleiter) „der", „die" oder „das" davorsetzen kannst.
  Beispiele: der **B**auarbeiter, die **B**rücke, das **L**and
- **Eigennamen** (Namen, Orte, spezielle Bezeichnungen)
  Beispiele: **P**aul, **A**ustralien, der **S**chwarze **R**itter
- **Anreden** von Menschen, die man siezt
  Beispiel: Hallo Herr Müller, schön, dass **S**ie kommen! Wir brauchen **I**hre Hilfe!
- **Substantivierungen** (als Nomen gebrauchte Adjektive/Wiewörter und Verben/Tunwörter)
  Beispiele: Das **B**etreten der Baustelle ist verboten. Etwas **K**leines klemmt in der Baggerschaufel. Ich habe nichts **G**enaues gesehen.

Tipp!
Manchmal verstecken sich Artikel (Begleiter) auch in anderen Wörtern. Beispiele: **aufs** Dach = auf das Dach, **beim** Haus = bei dem Haus.

2 Wie aufregend!

Als Leon an diesem Tag nach Hause kommt, erzählt er ganz begeistert von der Baustelle. Er ist so aufgeregt, dass er zwischen den Sätzen kaum Luft holt.
Schreibe Leons Sätze richtig auf die Linien und achte auf Groß- und Kleinschreibung.

mama,diehabenheutedieganzezeitgearbeitet.dermaurerhatganzkräftigmörtelgeschaufelt.dabeiistihmderstielvonderschaufelabgebrochen.„herrmeier,dakönnensienichtsdafür!",hateinerderbauarbeitergerufen.erwarziemlichdickundhatstarkgeschwitzt.„dasindsiewohlaufetwashartesgestoßen!"

3 Versteckte und nicht verstecke Artikel (Begleiter)

Unterstreiche alle Artikel <u>und</u> alle Wörter, in denen sich Artikel verstecken, rot.
Vergiss dabei auch die unbestimmten Artikel (ein, eine) nicht.

Artikel (Begleiter) können sich in anderen Wörtern **verstecken**.
Beispiele:
im (= in dem), ins (= in das), vom (= von dem), zur (= zu der),
zum (= zu dem), am (= an dem), mein, nichts, alles

Tipp!
In einem Text ändern Artikel oft ihre Form. Wenn du sie trotzdem erkennst, weißt du sofort, dass sie auf ein (großgeschriebenes) Nomen hinweisen.

IN <u>EINER</u> MATHESTUNDE GLEITET LEONS BLICK IMMER WIEDER ZUM FENSTER UND ZUR BAUSTELLE HINÜBER. DER KRAN HATTE EINEN BETONMISCHER SCHIEF UND ZU SPÄT ABGESETZT. DER BAULEITER SCHIMPFT UND ÄRGERT SICH, ABER DER MAURER SCHAFFT ES, DIE MASCHINE RICHTIG ZU DREHEN UND WIEDER INS GLEICHGEWICHT ZU BRINGEN.

Welches Nomen (Namenwort) hat sich ohne Artikel (Begleiter) in den Text geschlichen?

Schreibe es hier auf: ______________________

4 Konkrete und abstrakte Nomen (Namenwörter)

Sortiere die bunten Wörter richtig in die Tabelle auf der nächsten Seite ein.
Achte auf die Groß- und Kleinschreibung!

- **Konkrete Nomen** (Namenwörter) bezeichnen Lebewesen und Dinge, die man anfassen kann.
  Beispiele: der Mensch, die Laus, der Teppich
- **Abstrakte Nomen** bezeichnen Gefühltes und Gedachtes.
  Auch abstrakte Nomen schreibt man groß!
  Beispiele: der Traum, die Liebe, das Gefühl

~~HUNGER~~ FREI HÄRTER IDEE MUT TREU
PILZ HITZE HOLZ GERÜST STÜRMISCH
BAGGER BESETZT KABEL ZENTIMETER

konkrete Nomen	abstrakte Nomen	andere Wortarten
	der Hunger	

5 **Welche Wörter gehören zusammen?**

Verbinde die richtigen Kästen und schreibe die Begriffe auf die Linien.
Achte auf die Groß- und Kleinschreibung!

rot	Turm
weiß	Garten
schief	Wagen
englisch	Hai
groß	Planet

Tipp!
In Eigennamen werden auch Adjektive (Wiewörter) großgeschrieben!

der Rote Planet,

6 **Anrede oder Pronomen (Fürwort)?**

Handelt es sich bei dem Wort „Sie" oder „Ihnen" um eine Anrede, markiere das Wort gelb und schreibe es groß.
Handelt es sich um ein Pronomen (Fürwort), markiere es grün und schreibe es klein.

Anna und Leon schauen den Bauarbeitern zu.
Gerne möchten SIE helfen.

Gerne möchten sie helfen.

Anna ist neugierig.
Mutig geht SIE zum Vorarbeiter und spricht ihn an.

Tipp!
Überlege genau, ob jemand angesprochen wird oder ob es sich um ein Pronomen für etwas Weibliches oder mehrere Personen handelt.

„Entschuldigen SIE!“, ruft SIE. „Können SIE Hilfe gebrauchen?“

Der Bauarbeiter nickt IHNEN zu und drückt IHNEN eine Schnur in die Hand.

„Könnt ihr SIE für mich spannen? Ich muss die Mauer ausrichten.“

„Wir helfen IHNEN, SIE zu spannen!“, freut sich Leon.

7 Substantivierung oder keine Substantivierung?

Werden die Wörter in Klammern als Verb/Adjektiv oder als Nomen, also als Substantivierung, gebraucht?
Setze sie in der richtigen Form ein und achte auf die Groß- und Kleinschreibung.

- Denke daran: Verben (Tunwörter) und Adjektive (Wiewörter), die als Nomen (Namenwort) gebraucht werden, sogenannte **Substantivierungen**, schreibst du groß!
  Beispiel: Das **S**pielen macht alle froh.
- Vor Substantivierungen steht häufig ein **Artikel** (Begleiter) oder ein anderes **Signalwort**, das oft einen Artikel versteckt.
  Beispiele: beim, im, vom, zur, am, mein, nichts, alles

Das ____________ (lachen) der Bauarbeiter schallte über die Baustelle bis ins Klassenzimmer.

Als sie dies hören, müssen die Kinder der Klasse 4 b ebenfalls ____________ (lachen).

Anna und Leon können auf der Baustelle aber nichts ____________ (interessant) entdecken.

Am Bauzaun ____________ (hängen) ein Schild, auf dem steht:

Vor dem ____________ (übertreten) der Absperrlinie wird ausdrücklich gewarnt!

Vom ______________________ (schreien) war der Architekt ganz ______________________ (heiser).

Das Wettstreichen der Maler fanden Anna und Leon sehr ______________________ (lustig).

Das ______________________ (lustig) war aber der Kurzschluss, den der Elektriker selbst verursacht hatte.

8 Wörterschlange

Was die Bauarbeiter am Nachmittag beim Graben der Wasserleitung erlebt haben, erfährst du, wenn du die Sätze aus der Wörterschlange richtig auf die Linien schreibst. Setze dabei auch die fehlenden Punkte am Ende der Sätze richtig ein.

BAGGERFAHRERHOLGERHIELTDENBAGGERANSEINKOLLEGEWINKTENEBEN
DEMAUSGEHOBENENGRABENERHATTEETWASSPANNENDESENTDECKTHOL
GERSTIEGAUS,GRUBVORSICHTIGMITDENHÄNDENUNDSAHESAUCH:EIN
RIESIGERKNOCHENLAGINDERERDE.

____

____

____

____

____

____

9 Bling-Diktat

a Lasse dir das Diktat Nr. 1 von der CD diktieren und schreibe es auf ein Blatt Papier. Dies ist ein Bling-Diktat. Vor Wörtern, die großgeschrieben werden, wirst du durch einen Ton darauf aufmerksam gemacht. Bei den Satzanfängen musst du allerdings selbst daran denken.

b Lasse das Diktat von deinen Eltern korrigieren. Schreibe alle Wörter, die falsch geschrieben waren, richtig auf die Linien. Markiere die Stellen, die du verbessert hast, blau.

____

____

____

10 Diktat

Lasse dir das Diktat Nr. 2 von der CD diktieren und schreibe es auf ein Blatt Papier. Lies dir anschließend das Diktat Wort für Wort rückwärts noch einmal durch. Dabei hast du die Gelegenheit, Wort für Wort genau anzusehen.

Im Salzbergwerk – Wortzusammensetzungen, Dehnungs-h, silbentrennendes h

Die Klasse 4b behandelt bei den diesjährigen Projekttagen das Thema Salz. Gemeinsam mit ihrer Lehrerin fahren die Kinder daher heute in ein Salzbergwerk.

Nach ihrem Ausflug sollen Anna, Leon und ihre Klassenkameraden eine Ausstellung zu ihrem Projekt gestalten. Dafür schreiben sie erst einmal einen Bericht.

Im Salzbergwerk

Wir waren mit unserer Schülergruppe im größten Salzbergwerk Deutschlands, ganz in der Nähe.

Der Arbeiteraufzug hing an einem Drahtseil, wir fuhren damit in die Tiefe. Die Wände des Aufzugs waren nur Metallgitter, man bekam schon ein ängstliches Gefühl.

Unten angekommen, zeigte uns der Führer die riesigen Höhlen. Diese waren so groß, dass Fahrzeuge das Salz transportierten. Sie sahen so ähnlich aus wie Eisenbahnen.

Es werden jeden Tag Tausende Kilo Salz abgebaut. Während man das dreckige Rohsalz als Streusalz für die Straßen braucht, benutzt man Salzsteine als Nahrung für Tiere, zum Beispiel Rehe.

Der Bergarbeiter muss in seinem Beruf ruhig und ohne Fehler arbeiten, denn Bohren und Sprengen ist gefährlich.

11 Zusammengesetzte Nomen (Namenwörter)

Suche aus dem Bericht auf Seite 7 alle Wörter heraus, die aus zwei oder mehr Nomen zusammengesetzt sind, und schreibe sie im Singular (Einzahl) mit Artikel (Begleiter) auf. Doppelte Wörter musst du nur einmal aufschreiben.

Es gibt Nomen (Namenwörter), die aus zwei oder mehr Nomen zusammengesetzt sind. Diese nennt man **zusammengesetzte Nomen**.
Auch zusammengesetzte Nomen schreibt man groß!

Beispiel: der Sommer + die Ferien → die Sommerferien

12 Weitere Wortzusammensetzungen

a Bilde zusammengesetzte Wörter aus dem Wort **Salz** und den Wörtern, die um das Salz herumstehen.

Tipp!
Wenn du weißt, wie die einzelnen Wörter geschrieben werden, weißt du auch, wie das zusammengesetzte Wort geschrieben wird.

Streu-
-Kristalle
-frei
-See
-Wasser
~~Meer~~-
-Stein
-Säure
Bade-
-Mühle
Kräuter-
-Streuer
-Stangen
-arm
-Brezel

das Meersalz,

b Zwei Wörter aus Aufgabe **a** wurden nicht aus zwei Nomen (Namenwörtern) zusammengesetzt, sondern jeweils aus dem Wortstamm eines Verbs (Tunworts) und einem Nomen. Schreibe sie mit Artikel (Begleiter) auf die Linie. Notiere dahinter, aus welchen zwei Wörtern sie bestehen.

Zusammengesetzte Nomen (Namenwörter) müssen nicht unbedingt aus zwei Nomen bestehen. Es gibt auch Wörter, die aus einem **Verb** (Tunwort) und einem **Nomen** zusammengesetzt sind. Auch diese zusammengesetzten Nomen schreibt man **groß**!

Beispiel:
das Wohnzimmer → wohnen + das Zimmer

____

____

c Zwei weitere Wörter aus Aufgabe **a** wurden aus einem Nomen (Namenwort) und einem Adjektiv (Wiewort) zusammengesetzt.
Schreibe sie auf die Linien. Notiere dahinter, aus welchen zwei Wörtern sie bestehen.

Zusammengesetzte Wörter können auch aus einem Nomen (Namenwort) und einem Adjektiv (Wiewort) bestehen. Das sind dann **zusammengesetzte Adjektive**.
Wie alle anderen Adjektive auch schreibt man diese **klein**!

Beispiel:
brandneu → der Brand + neu

____

____

d Setze zusammen. Schreibe immer auch den Artikel (Begleiter) dazu.

das Holz + der Stuhl → ______________

der Stoff + die Farbe → ______________

der Rahm + die Soße → ______________

der Nebel + die Lampe → ______________

das Schiff + die Fahrt → ______________

Tipp!
Achte beim Zusammensetzen der Wörter auf die Anzahl der Konsonanten (Mitlaute)!

e Aus welchen Wörtern bestehen folgende zusammengesetzte Wörter?
Schreibe bei Nomen (Namenwörtern) auch den Artikel (Begleiter) dazu.

federleicht → ______________

Rennbahn → ______________

Bohrmaschine → ______________

f Setze auch die folgenden Wörter zusammen.
Markiere den Fugenlaut jeweils rot.

Manchmal musst du beim Zusammensetzen einen Buchstaben hinzufügen.
Diesen nennt man **Fugenlaut**.

Beispiele:
der Liebling + das Essen → das Lieblings**s**essen
die Tanne + der Baum → der Tanne**n**baum

der Bahnhof + die Uhr → ____________________

die Ehre + die Urkunde → ____________________

die Nummer + das Schild → ____________________

die Sonne + der Schutz → ____________________

13 Rätselwörter

Was bedeuten diese Wörter? Schreibe sie richtig auf die Linien.

____

____

14 Was fällt auf?

Lies dir die Wörter von Aufgabe 13 laut vor. Was haben sie alle gemeinsam?

- Sie haben alle einen langen / kurzen Vokal (Selbstlaut) oder Umlaut. (Streiche das falsche Wort durch.)
- Nach diesem Vokal oder Umlaut steht ein Dehnungs-____.

Ein lang gesprochener Vokal (Selbstlaut) kann durch ein **Dehnungs-h** gekennzeichnet sein.
Da nicht alle Wörter mit langem Vokal mit Dehnungs-h geschrieben werden, muss man diese Wörter gut üben!

Beispiele:
k<u>e</u>**h**ren, erm<u>a</u>**h**nen

Tipp!
Dehnungs-h, das merk dir schnell, steht oft vor m, n, r und ℓ.

15 Dehnungs-h oder kein Dehnungs-h?

Schreibe die Wörter richtig auf.
Ist der Vokal (Selbstlaut) oder Umlaut kurz? Dann male einen Punkt darunter (*z. B.:* Pfanne). Ist der Vokal oder Umlaut lang? Dann unterstreiche ihn (*z. B.:* Sahne).

16 Mit oder ohne Dehnungs-h?

Setze die fehlenden Buchstaben in die Lücken ein.

Tipp!
Lang gesprochene Vokale (Selbstlaute) werden nicht immer mit einem h gedehnt!

Am Ende der Projekttage zum Thema Salz l____den die Kinder der Klasse 4 b ihre Eltern zu einem Infoabend ein. Um ihnen zu berichten, was sie im Bergwerk erl____bt h____ben, stellen sie einen Projektor und viele St____le für die Besucher auf. An die k____len Wände des Mehrzweckraumes haben sie selbst gestaltete Plak____te gekl____bt. Leon hat sogar ein Bild von den Bergarbeitern gem____lt. W____rend des Vortrags, den die Kinder vorbereitet haben, macht es sich Frau Reber n____ben der B____ne bequ____m. Heute Abend stehen ihre Sch____ler im Mittelpunkt, sie selbst wird nicht viel erz____len.

17 Was ist es?

Schreibe auf, was auf den Bildern auf der nächsten Seite zu sehen ist.
Achtung: Nicht alle Wörter schreibt man mit Dehnungs-h!

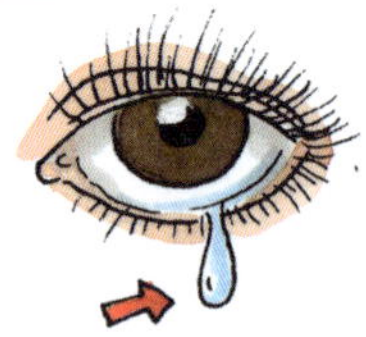

18 **Was ist denn hier passiert?**

Schreibe die Sätze richtig auf die Linien.

Die Eltern hören den Schülern interessiert und ruig zu und seen sich auch die Plakate gerne an. Alle merken sofort, dass sich die Kinder große Müe gegeben haben. Sogar der Hausmeister unterbricht das Rasenmäen, kommt hinein und wirft neugierig einen Blick auf das Gescheen.

Neben dem Dehnungs-h gibt es noch das **silbentrennende h**.
Mit ihm werden zwei Vokale (Selbstlaute) oder ein Umlaut und ein Vokal getrennt, die sonst schwierig zu lesen wären.

Beispiele:
Hö-**h**-e, krä-**h**-en

19 **Diktat**

Lasse dir das Diktat Nr. 3 von der CD diktieren und schreibe es auf ein Blatt Papier.
Lies dir anschließend das Diktat Wort für Wort rückwärts noch einmal durch.
Dabei hast du die Gelegenheit, Wort für Wort genau anzusehen.

Das Mittelalterfest – Doppelte Mitlaute

Dieses Jahr gibt es in der Sonnenscheinschule einen Mittelaltermarkt. Jede Klasse hat eine Vorstellung für das Rahmenprogramm oder einen Verkaufsstand vorbereitet. Anna schaut sich an, was die Schüler gesammelt, hergestellt und zubereitet haben: Kämme aus Holz, Stofftiere, dünne Fladenbrote, fettige Würstchen und Schüttelbrot. Teilweise riecht es verbrannt. Am Mittag holt sich Anna einen Teller Suppe und einen Löffel, klettert auf einen Hocker aus Holz, der früher mal ein Baumstamm war, und isst. Ihren Durst stillt sie mit Quellwasser. Später beim Ballwerfen will sie die Nummer 100 treffen, um den Zimmerbrunnen zu gewinnen. Aber was sie dann bekommt, ist eine vollständige Rittersammlung aus Zinn. Als alle bereits aufräumen und den Müll wegwerfen, beginnt es zu donnern, die Tannen wiegen sich im Wind. Hoffentlich reicht die Zeit, um vor dem Gewitter nach Hause zu rennen!

20 Was siehst du?

Schreibe die Wörter zu den Bildern auf der nächsten Seite und kreise die Doppelkonsonanten (doppelten Mitlaute) ein.
(Tipp: Du findest die Wörter in gleicher oder ähnlicher Form oben im Text.)

Nach einem kurzen Vokal (Selbstlaut) steht meist ein **Doppelkonsonant** (doppelter Mitlaut).

Beispiel: P a **nn** e

kurzer Vokal — Doppelkonsonant

21 Ähnlich, aber doch anders

Zu jedem dieser Wörter gibt es ein Wort, das ganz ähnlich klingt, das aber einen kurzen Vokal (Selbstlaut) oder Umlaut hat.
Schreibe es auf und markiere den kurzen Vokal oder Umlaut mit einem Punkt.

die Saat – satt
der Kahn – k
die Miete – die M
das Heer – der H
sie rieten – sie r
die Sohlen – s
die Hüte – die H
der Ofen – o

> **Tipp!**
> Denke daran:
> Nach einem kurzen Vokal (Selbstlaut) steht meist ein Doppelkonsonant (doppelter Mitlaut).

22 Was die können, können wir schon lange!

Früher dichteten die Minnesänger schöne Lieder, um das Herz ihrer Prinzessin zu erobern. Jetzt dichten wir.

Schreibe die Reimwörter auf die Linien.
Umkreise alle Doppelkonsonanten (doppelten Mitlaute) orange.

Stall – Sch – H
rennen – k – br
toll – v – s
stimmen – gl – d

> **Tipp!**
> Wenn ein Wort mit Doppelkonsonant geschrieben wird, dann wird auch das Reimwort mit Doppelkonsonant geschrieben.

23 Silbenrätsel

Bilde aus den Silben sechs Wörter. Schreibe sie auf die Linien.
Du darfst jede Silbe nur einmal verwenden.

klet- schwim- hof-
-fen ren- wet-
-ten -tern pral-
-men -len -nen

24 Doppelt oder einfach?

Hier sind Buchstaben und ganze Wörter verschwunden. Setze sie richtig ein.
Tipp: Bei den fehlenden Wörtern kann dir die Aufgabe 23 helfen.

Das Turnier

Am Nachmi____ag findet auf dem Pausenho____ der Schu____e das Turnier sta____. Ri____er, Knappen, Burgfräulein und Hofda____en müssen sich im We____kampf me____en.

Die Zuschauer sind so gespa____t, dass sie so____ar auf die Zäune ____________, um a____es sehen zu können. Die Knappen mü____en durch den Bach ____________, die Pagen (junge Adelige) ____________ um die We____e, Lanzen ____________ auf Rüstungen, die Ri____er ____________, wer gewi____en wird, und die Burgfräulein ____________ auf den Ku____ des Schönsten.

25 Post-it-Diktat

Unterstreiche im Text auf Seite 13 alle schwierigen Wörter.
Schreibe jedes dieser Wörter auf einen kleinen Klebezettel.
Hänge jeden Zettel an einen Platz in eurer Wohnung: einen ans Sofa, einen an den Fernseher, einen an den Kühlschrank … Gehe nun zum ersten Zettel, merke dir das Wort und schreibe es auf ein Blatt Papier. Dann gehe zum nächsten Zettel und so weiter. Zur Kontrolle am Schluss hängst du alle Zettel ab und kontrollierst die Wörter.

26 Diktat

Lasse dir das Diktat Nr. 4 von der CD diktieren und schreibe es auf ein Blatt Papier.
Lies dir anschließend das Diktat Wort für Wort rückwärts noch einmal durch.
Dabei hast du die Gelegenheit, Wort für Wort genau anzusehen.

Anna und Leon auf Schatzsuche – s/ß/ss

Die Klasse 4 b macht heute eine Schatzsuche. Anna und ihre Gruppe bekommen dafür einen Kompass und eine große Karte, Leon und seine Gruppe suchen den Schatz mit einem GPS-Empfänger (einem Gerät, das den Weg mithilfe von Satelliten findet). Die Gruppe mit dem GPS-Gerät streift fleißig durch die wilde Natur, geht durch den Wald und überquert einen tiefen Fluss. Die andere Gruppe versucht verbissen, den mit Flüssigkeit gefüllten Kompass richtig zu lesen. Es klappt nicht, sie muss zurück zur letzten Kreuzung. Bald kommt ein Sturm auf, es gießt in Strömen. Alle werden nass und finden schließlich Schutz unter einem Nussbaum, der rechts an der Straße steht. Kurz vor dem Ziel erschreckt alle ein Fuchs, doch der ist bald wieder vergessen. „Ich habe Hunger und will jetzt etwas essen!“, ruft der Kleinste. „Ich fände es besser, wenn wir jetzt nicht mehr draußen bleiben.“ Alle stimmen ihm zu. Zum Schluss findet ein Spaziergänger den Schatz. In der Schatzkiste wären Süßigkeiten, Tassen und Schatzsucher-Pässe als Andenken für die Kinder gewesen.

27 Wörtersuche

Finde im Text oben alle Wörter mit ss oder ß. Schreibe sie in die Tabelle und kreise alle ss blau und alle ß grün ein. Doppelte Wörter musst du nur einmal aufschreiben.

ss		ß
Klasse		

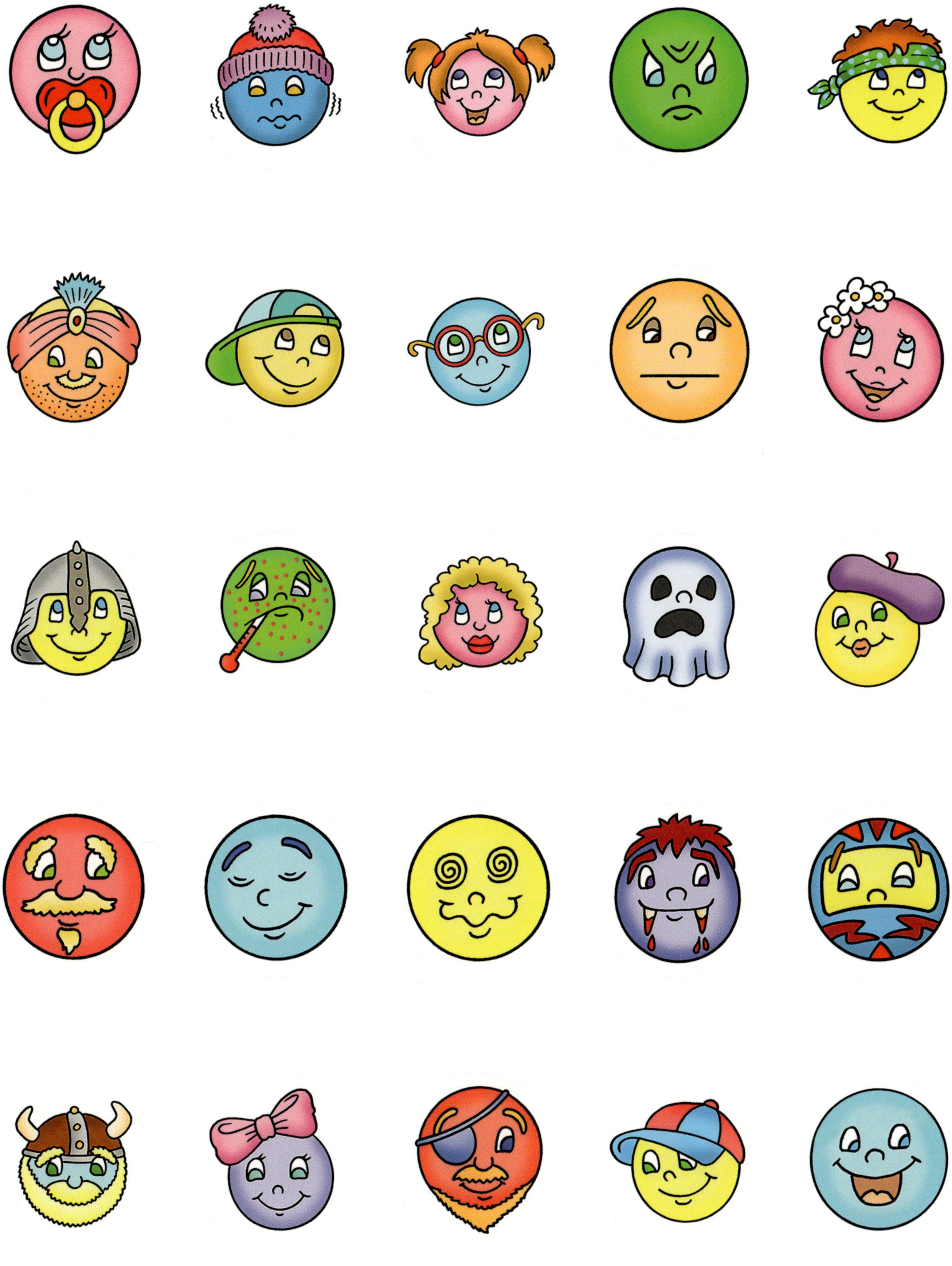

Illustrationen: Claudia Bauer

STARK

28 Verschiedene s-Laute

Beim Schreiben von Wörtern mit s-Laut ist es wichtig, auf den Vokal (Selbstlaut) oder Umlaut vor dem s-Laut zu achten.

a Markiere den Vokal (Selbstlaut) vor dem s-Laut in folgendem Wort: **Klasse**
Sprich das Wort deutlich vor dich hin. Jetzt kreuze richtig an:

☐ Der Vokal vor ss ist kurz.

☐ Der Vokal vor ss ist lang.

b Markiere den Umlaut vor dem s-Laut in folgendem Wort: **Größe**
Sprich das Wort deutlich vor dich hin. Jetzt kreuze richtig an:

☐ Der Umlaut vor ß ist kurz.

☐ Der Umlaut vor ß ist lang.

c Sprich das Wort **Blase** deutlich vor dich hin. Was fällt dir auf?

☐ Man kann das s summen.

☐ Man kann das s nicht summen.

- Wenn du das s summen kannst, schreibst du **s**.
  Beispiele:
  Gesetz, Blase, böse
- Wenn du das s nicht summen kannst, schreibst du **ß**, wenn es nach einem **lang gesprochenen Vokal** (Selbstlaut), **lang gesprochenen Umlaut** (ä, ö, ü) oder **Doppellaut** (au, äu, ei, eu) steht.
  Beispiele:
  Gruß, büßen, fließen
- Wenn du ein s nicht summen kannst, schreibst du **ss**, wenn es nach einem **kurz gesprochenen Vokal** oder einem **kurz gesprochenen Umlaut** steht.
  Beispiele:
  lassen, müssen

29 s, ss oder ß?

Setze den oder die richtigen Buchstaben ein.
Unterstreiche lange Vokale, lange Umlaute und Doppelvokale vor dem s-Laut und markiere kurze Vokale (Selbstlaute) mit einem Punkt.

Spa____	Fa____	Gru____	Ku____
Kla____e	Ma____band	Strau____	la____en
flie____en	bi____chen	sü____	wi____en
au____en	Ri____	schlie____en	vermi____en

30 Kreuzworträtsel

Schreibe die Wörter zu den Bildern in die Kästchen.
Die markierten Kästchen von oben nach unten gelesen ergeben das Lösungswort.

Lösungswort: ______________________________

31 Gleiche Wortfamilie – anderer s-Laut

Manche Wörter ändern innerhalb ihrer Wortfamilie die s-Schreibung.
Setze die Familien wieder zusammen und ordne sie richtig in die Tabelle ein.

gerissen   fließen   gemessen   gefressen   riss

~~vergessen~~   schließen   geflossen   ~~vergessen~~

fressen   gießen   ~~vergaß~~   goss   fraß

messen   geschlossen

maß   schloss   gegossen   reißen   floss

Infinitiv (Grundform)	Präteritum (1. Vergangenheit)	Perfekt (2. Vergangenheit)
vergessen	vergaß	vergessen

32 Hier stimmt was nicht!

Anna schreibt einen Bericht über die Schatzsuche und schickt ihn Frau Reber per E-Mail. Die Lehrerin liest den Text auf ihrem Smartphone, aber irgendetwas hat bei der Übertragung nicht geklappt.
Schreibe den Text richtig auf ein Blatt Papier. Setze dabei s, ß oder ss ein.

> Mit unserer Kla77/74e machten wir ge93/57tern eine Schatzsuche. Es war ein Wettrennen, denn wir wollten wi49/89en, ob die Kinder mit GPS-Gerät oder die mit Karte und Kompa23/93 schneller sind. Frau Reber hatte genau erklärt, wie man mit dem Kompa90/34 die Richtung bestimmt. Leider wu99/09ten wir es trotzdem nicht mehr und mu98/34ten zurückgehen. Auch danach gab es viele Mi34/19geschicke: Er34756t erschreckte uns ein Fuch98/99, dann fand ein Spaziergänger den Schatz. Zum Schlu77/34 merkte Frau Reber, al00/87 sie das Auto aufschlie88/34en wollte, da23/45 sie die Schlü44/89el drau33/44en im Wald verge77/45en hatte.

33 Mäuschen-Diktat

a Kontrolliere deinen Text von Aufgabe 32. Zerknülle dann das Blatt Papier und reiße kleine Fetzen davon ab, so wie eine Maus an dem Papier nagen würde.

b Falte das Papier nun wieder auf und schreibe alle Wörter, die angenagt, also nicht mehr ganz vollständig sind, auf ein neues Blatt Papier.

34 Diktat

Lasse dir das Diktat Nr. 5 von der CD diktieren und schreibe es auf ein Blatt Papier.

Leons Schwester Heike und ihr Ferienjob – v/f, Vor- und Nachsilben

Der Wecker klingelt und Leons große Schwester Heike steht auf, um Zeitungen auszutragen, das ist ihr neuer Ferienjob. Mit ihrer Mutter hat sie vereinbart, dass sie hierfür nicht das Fahrrad nimmt, sondern den Handwagen. „Das Fahrradfahren mit so viel Gepäck", hatte die Mutter gewarnt, „ist einfach zu gefährlich! Das funktioniert erst, wenn du den neuen Fahrradanhänger bekommen hast." Heute früh aber vergisst Heike das Verbot und hebt fröhlich das eckige Paket auf den Gepäckträger. Schon an der vierten Kreuzung passiert es: Wegen der feuchten Fahrbahn und des vollen Gepäckträgers schafft sie es nicht, richtig zu bremsen. Sie gerät in Schieflage, verliert das Gleichgewicht, fällt um und verletzt sich am Fuß und am Kiefer. Die Zeitungen fallen aus ihrer Verpackung und werden verschmutzt. Heike verspricht sich, zukünftig besser auf ihre Mutter zu hören und vorsichtiger zu sein.

35 F/f oder V/v?

Unterstreiche im Text über Leons Schwester alle Wörter, die mit v beginnen, grün und alle Wörter, die mit f beginnen, gelb.
Trage die Wörter dann richtig in die Tabelle auf der nächsten Seite ein.
Doppelte Wörter musst du nur einmal aufschreiben.

- Das **f** hört sich immer an wie **f**.
  Beispiele: **F**eder, **F**uchs
- Das **v** kann sich wie **f** oder **w** anhören.
  Beispiele: **V**ogel, **V**illa
- Da es für die Rechtschreibung von v und f keine klare Regel gibt, muss man die Wörter mit v gut üben und auswendig lernen!

Wörter mit F/f am Anfang		Wörter mit V/v am Anfang	

36 **Was siehst du?**

Schreibe die Wörter zu den Bildern auf die Linien. Sie beginnen alle mit V oder F.

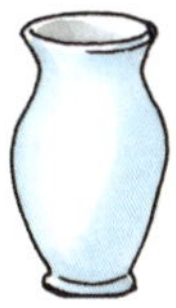

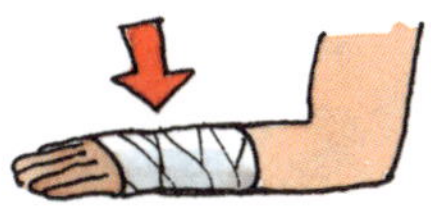

37 Suchsel

Suche im Gitter die 14 versteckten Wörter. Schreibe sie auf die Linien und unterstreiche die Endungen. Achte auch auf die Groß- und Kleinschreibung!

Wortfamilien, Vor- und Nachsilben können dir bei der Rechtschreibung helfen.

- Innerhalb einer Wortfamilie schreibt man den **Wortstamm** meist gleich.
  Beispiel: **erleb**en, **Erleb**nis
- Vor- und Nachsilben kehren immer wieder und werden immer gleich geschrieben.
  Beispiele: **ent**wickeln, **ent**täuschen; **ver**brennen, **ver**bessern; **Vor**fahrt, **vor**lesen; Fröhlich**keit**, Traurig**keit**
- Einige Nachsilben und Endungen weisen auf Nomen (Namenwörter) hin.
  Wörter mit diesen Nachsilben und Endungen werden also immer großgeschrieben!
  Beispiele: **-ung**, **-nis**, **-heit**, **-keit**, **-schaft**
- Andere Nachsilben und Endungen weisen auf Adjektive (Wiewörter) hin.
  Wörter mit diesen Nachsilben und Endungen werden also immer kleingeschrieben!
  Beispiele: **-bar**, **-ig**, **-los**, **-isch**, **-lich**, **-sam**

E	R	L	A	U	B	N	I	S	R	A	T	S	A	M
L	O	D	U	M	M	H	E	I	T	R	O	M	Z	I
D	S	C	H	M	U	T	Z	I	G	T	C	Z	T	J
U	E	I	G	E	N	S	C	H	A	F	T	E	Ü	C
R	R	E	A	M	J	U	G	E	N	D	L	I	C	H
S	F	E	U	C	H	T	I	G	K	E	I	T	K	T
T	E	M	P	F	I	N	D	L	I	C	H	U	I	C
I	S	E	C	K	I	G	I	O	D	S	Z	N	S	F
G	H	F	E	H	L	E	R	L	O	S	G	G	C	P
V	E	R	B	R	E	N	N	U	N	G	W	O	H	I

38 Diktat

Lasse dir das Diktat Nr. 6 von der CD diktieren und schreibe es auf ein Blatt Papier. Lies dir anschließend das Diktat Wort für Wort rückwärts noch einmal durch. Dabei hast du die Gelegenheit, Wort für Wort genau anzusehen.

Anna und Leon berichten über Afrika – Der ks-Laut

Leon ist zu Besuch bei Anna. Gemeinsam erzählen sie Annas Mama von einem Text über Afrika, den sie heute in der Schule gelesen haben. „Da stand, dass es in Afrika fremde Gewächse gibt und viele wilde Tiere: kräftige Elefanten mit dicker Haut und freche Affen, die gegeneinander boxen und sich austricksen“, berichtet Anna. „Außerdem haben wir gelesen, dass es in einigen afrikanischen Ländern Linksverkehr gibt und dass man in Afrika mit einem Buschtaxi herumreisen kann“, ergänzt Leon. „Genau!“, stimmt Anna zu. „Und man muss sein Geld wechseln, wenn man dorthin fahren will, denn mit Euro bezahlen kann man in Afrika nicht.“

39 **Wörtersuche**

Im Text oben findest du einige Wörter mit dem ks-Laut.
Schreibe sie auf die Linien und markiere den ks-Laut je nach Schreibweise in unterschiedlichen Farben: x gelb, ks grün, chs rot und cks blau.

- Der **ks-Laut** kann als **x**, **chs**, **ks** oder **cks** geschrieben werden.
- Für die Wörter mit x und chs gibt es keine Regel. Du musst sie dir gut merken!
  Beispiele: Le**x**ikon, wa**chs**en
- Die Wörter mit ks oder cks lassen sich häufig von anderen Wörtern ableiten.
  Beispiele: du win**ks**t (wegen: win**k**en), Kle**cks**e (wegen: kle**ck**ern)

40 Was stimmt?

Nur jeweils eine Schreibweise stimmt.
Kreise die richtige ein und streiche die falsche durch.

Felix Feliks   Bückse Büchse   Wechsel Weksel   faxen fachsen

41 Bilderrätsel

Was ist hier abgebildet? Schreibe die Wörter auf die Linien.

N______

Ei______

O______

______

______

______

42 x, chs, cks oder ks?

Setze den oder die richtigen Buchstaben ein.

Am Abend betrachtet Anna den Sonnenuntergang und wird von einem Glü_____gefühl durchströmt. Wieder muss sie an Afrika denken. „Ob es dort auch La_____e gibt?", fragt sie ihren Vater. „Im Fernsehen haben wir doch mal einen E_____pertenbericht gesehen, in dem Bären die Fische gefangen haben". „Anna, mer_____t du was?", fragt ihr Vater. „Das verwe_____elst du jetzt mit Alaska!" Sie muss lachen. „Stimmt! Da werde ich wohl noch eine E_____trastunde Erdkunde einlegen müssen."

Tipp!
Denke daran: Wörter mit ks oder cks kannst du meist von anderen Wörtern ableiten.

43 **ks oder cks?**

Setze die richtigen Buchstaben ein und schreibe auf, von welchem Wort du die Schreibweise ableiten kannst.

„Warum gu_____t du mich so komisch an?" von: ____________________

„Du hin_____t ja! Hast du dich verletzt?" von: ____________________

„Bitte rufen Sie mich zwe_____ eines Termins an!" von: ____________________

Knobelaufgabe

44 **Kreuzworträtsel**

Setze Wörter mit ks-Laut ein.

1 Ein anderes Wort für Versuch, wird auch im Sachunterricht manchmal gemacht.

2 Er wurde hinter… überfallen.

3 Deo sprüht man unter die …

4 Ein anderes, kurzes Wort für „schnell".

5 Aus Milch und Bananen kann man einen leckeren Milchshake …

6 „…, du hast die Gans gestohlen."

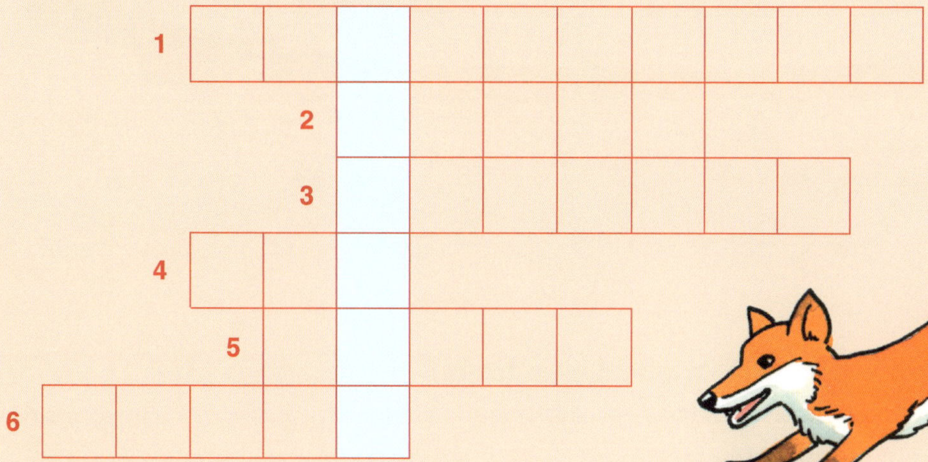

Lösungswort: ____________________

45 **Diktat**

Lasse dir das Diktat Nr. 7 von der CD diktieren und schreibe es auf ein Blatt Papier. Lies dir anschließend das Diktat Wort für Wort rückwärts noch einmal durch. Dabei hast du die Gelegenheit, Wort für Wort genau anzusehen.

Am Meer, am See und im Moos – Doppelte Selbstlaute, wörtliche Rede

Es sind Ferien und viele Kinder der Klasse 4 b fahren ans Meer. Annas Familie wird sich an einem großen See ein Hausboot mieten. „Das ist ja cool!“, ruft Anna, als sie die Idee erfährt. Auch ihre Eltern sind froh, endlich einmal die Seele baumeln lassen zu können. Leon ist mit seiner Schwester Heike und seiner Mutter ein paar Tage im Staat Dänemark. Sie waren schon im Zoo, haben Moosgebiete durchstreift und gerade haben sie auf einer Wiese ein vierblättriges Kleeblatt gefunden. „Da war sicher eine kleine Glücksfee mit uns unterwegs“, lacht Leons Mama. Dann steckt sie Heike das Kleeblatt in die Haare.

46 Jede Menge Doppelvokale (doppelte Selbstlaute)

Schreibe aus dem Text oben alle Wörter heraus, die einen Doppelvokal (doppelten Selbstlaut) haben. Doppelte Wörter musst du nur einmal aufschreiben.

Wenn in einem Wort zwei Vokale (Selbstlaute) hintereinanderstehen, wird dieser **Doppelvokal** (doppelte Selbstlaut) lang gesprochen.

Beispiele: Ehep**aa**r, T**ee**, M**oo**r

Tipp!
Es gibt nur wenige Wörter mit aa, ee oder oo; du musst sie dir gut merken!
Wörter mit ii oder uu gibt es gar nich

Knobelseite

47 Doppelvokal-Flocken

Bilde aus jeder Doppelvokal-Flocke möglichst viele Wörter.
Schreibe sie auf die Linien.

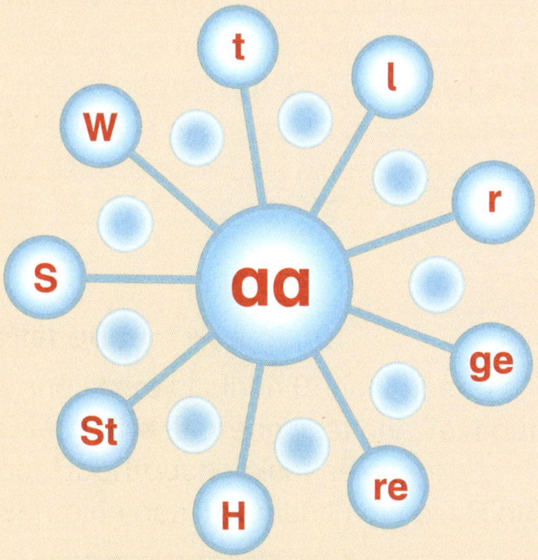

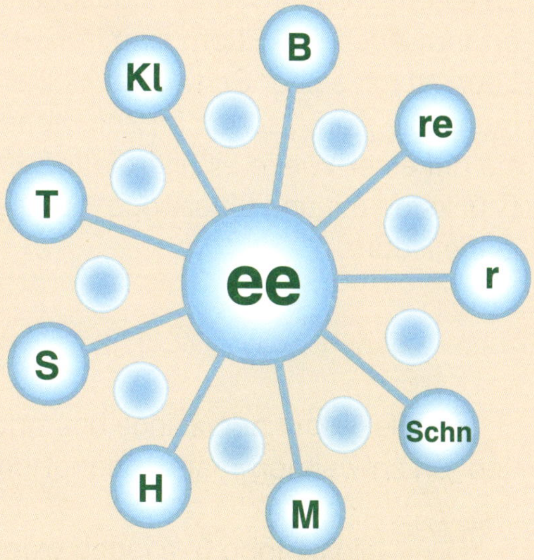

Waage,

48 Zusammengesetzte Wörter mit Doppelvokal (doppeltem Selbstlaut)

Bilde aus den entstandenen Wörtern aus den Doppelvokal-Flocken und den bunten Wörtern unten neue, zusammengesetzte Wörter.
Denke daran, dass du manchmal Buchstaben weglassen oder hinzufügen musst.

Blatt schlafen Farbe speisen
Bürste Mann Stern rauschen
~~recht~~ Stachel Ball Beutel

waagrecht,

49 Was ist hier abgebildet?

Schreibe die richtigen Wörter auf die Linien.

 ____________

 ____________

 ____________

 ____________

50 Doppelvokal (doppelter Selbstlaut) oder kein Doppelvokal?

Wie viele Buchstaben fehlen? Setze richtig ein.

Anton verbringt seine Ferien in Italien. Dort wohnen er und seine Familie in einem Hotel mit tollem P___l (o/oo). „Hätte ich doch bl___ß (o/oo) meine Taucherbrille mitgenommen!", ärgert sich Anton. „Ohne macht das Schwimmen nur halb so viel Sp___ß (a/aa)!" „Im L___den (a/aa) am Ende der Str___ße (a/aa) gibt es sicher welche zu kaufen", beruhigt ihn seine Mutter. Gemeinsam gehen sie die All___ (e/ee) entlang – und tatsächlich: Schon von Weitem entdeckt Anton eine im Schaufenster. „Juhu", ruft er, „ohne Brille wäre es wirklich d___f (o/oo) gewesen."

> **Tipp!**
> In vielen Wörtern spricht man den Vokal (Selbstlaut) zwar lang, schreibt ihn aber nur einmal.

51 Ferienberichte Teil 1

Wieder zurück in der Schule erzählen Anna und Leon in der Klasse von ihren Ferien. Vervollständige die Sätze wie im Beispiel. (Informationen findest du im Text auf Seite 26.) Setze dabei die Satzzeichen der wörtlichen Rede ein.

- Um aufzuschreiben, was jemand erzählt oder denkt, benutzt man die **wörtliche Rede**. Vor und nach der wörtlichen Rede stehen **Anführungszeichen**.
- Den Satz, der erklärt, wer gerade spricht, nennt man **Begleitsatz**. Zwischen Begleitsatz und wörtlicher Rede steht ein **Doppelpunkt**.

Beispiel: Frau Reber fragt**:** **„**Was habt ihr in den Ferien gemacht?**"**

Leon antwortet: „Wir waren in den Ferien in Dänemark."

Leon berichtet: „Wir waren im Zoo, ____________

____

____

Anna erzählt: ____

____

52 Ferienberichte Teil 2

Auch die anderen Kinder aus der Klasse erzählen natürlich von ihren Ferien.
Unterstreiche die wörtliche Rede jeweils rot und den Begleitsatz blau.
Setze dann die richtigen Satzzeichen ein.

Wenn der Begleitsatz immer vorne steht, wird ein Text schnell langweilig, daher kann er auch nach der wörtlichen Rede stehen. Er heißt dann **nachgestellter Begleitsatz**.

Beim nachgestellten Begleitsatz musst du folgende Punkte beachten:

- Damit Begleitsatz und wörtliche Rede getrennt sind, steht dazwischen immer ein **Komma**.
- Würde am Ende der wörtlichen Rede ein **Punkt** stehen, so wird dieser weggelassen.
  Beispiel:
  „Wir waren zwei Wochen in Italien am Meer**“,** erzählt Anton.
- Steht am Ende der wörtlichen Rede ein **Fragezeichen** oder ein **Ausrufezeichen**, so bleibt dieses stehen.
  Beispiele:
  „Hast du dich über die Ferien auf dem Hausboot gefreut**?“,** fragt Frau Reber.
  „Wir haben sogar ein vierblättriges Kleeblatt gefunden**!“,** ruft Leon.

Wisst ihr schon, wo ich gewesen bin   fragt Nilay.

Antonio ruft   Jetzt darf ich erst einmal erzählen

Wir sind in Spanien gewesen   berichtet Marie.

Maries Bruder Lukas fügt hinzu   Da ist es wirklich toll gewesen

53 Begleitsatz vorne, hinten oder in der Mitte

Schreibe auf, was die Kinder erzählen. Denke dir jeweils einen passenden Begleitsatz dazu aus und schreibe ihn an die angegebene Stelle.
Achte dabei auf die richtigen Satzzeichen!

Neben dem vorangestellten und dem nachgestellten Begleitsatz gibt es auch einen Begleitsatz, der **zwischen zwei Teilen der wörtlichen Rede** steht.
Dieser wird **zwischen zwei Kommas** eingeschlossen.

Beispiel:
„Ich selbst“**,** berichtet Frau Reber**,** „bin in den Ferien zu Hause geblieben.“

Sophie *(links)* – vorangestellter Begleitsatz:

____

____

Lotta *(Mitte)* – nachgestellter Begleitsatz:

____

____

Mattis *(rechts)* – Begleitsatz zwischen zwei Teilen der wörtlichen Rede:

____

____

____

54 **Diktat**

Lasse dir das Diktat Nr. 8 von der CD diktieren und schreibe es auf ein Blatt Papier. Lies dir anschließend das Diktat Wort für Wort rückwärts noch einmal durch. Dabei hast du die Gelegenheit, Wort für Wort genau anzusehen.

Im Labyrinth der Pyramiden – Fremdwörter

Anna und Leon spielen ein neues Computerspiel. Es heißt: „Das Labyrinth der Pyramiden“. Dabei muss man Fremdwörter sammeln. Wenn man die Bedeutung der Wörter weiß, gibt es Sonderpunkte. Leon hat schon Recycling, Maschine und Interesse gewonnen.
Anna hat nur Technik und Handy, sie kommt mit ihrem roten Männchen einfach nicht aus der Sackgasse heraus. Als Leon noch die Bedeutung von Addition nennen kann, hat er gewonnen. Anna fordert natürlich gleich eine Revanche.

55 Fremdwörter über Fremdwörter

Unterstreiche im Text oben alle Fremdwörter.
Weißt du von allen die Bedeutung? Schlage unbekannte Wörter im Wörterbuch nach, frage einen Erwachsenen oder schaue im Internet.

Fremdwörter sind Wörter, die ursprünglich aus einer anderen Sprache ins Deutsche übernommen wurden. Sie sind oft besonders schwer zu schreiben.

Beispiele: Alphabet, Terrasse

56 Was bedeutet was?

Welche Bedeutung haben die Fremdwörter? Verbinde.

Europa	Kommunikationsmittel wie Fernsehen, Zeitung, Radio
Medien	grobe Zeichnung, Entwurf
Rhythmus	Kontinent
Skizze	regelmäßige Abfolge bei der Tonlänge
Recycling	Wiederverwertung

Knobelaufgabe

57 Silbenrätsel

Schreibe die gesuchten Wörter auf die Linien. Die Silben helfen dir dabei.

Ther- -get- -rinth -ti- -on Le- -a- -gurt
-xi- -ter -schi- -ti -ket- -sie
Jo- -for- Fan- Del- In- The- -me- -ma-
-fin -by- -mo- -ter Ma- La- -ne
Dis- -kon Clown Spa- -ta- -te

anderes Wort für ein Nachschlagewerk oder Wörterbuch: ____________________

Ort, an dem Schauspieler Stücke aufführen: ____________________

Milchprodukt, gibt es auch mit Früchten: ____________________

lange, dünne Teigwaren, oft mit Tomatensoße: ____________________

Meerestier, aber kein Fisch, sondern ein Säugetier: ____________________

damit lässt sich die Temperatur messen: ____________________

Vorstellungskraft, die Bilder oder Träume erzeugt: ____________________

mechanisches Arbeits- oder Hilfsmittel: ____________________

veraltete Speicherkarte für Computer: ____________________

Spaßmacher, Narr: ____________________

Auskunft oder Wissen über etwas: ____________________

Irrgarten mit nur einem Weg zum Ziel: ____________________

58 Diktat

Lasse dir das Diktat Nr. 9 von der CD diktieren und schreibe es auf ein Blatt Papier. Lies dir anschließend das Diktat Wort für Wort rückwärts noch einmal durch. Dabei hast du die Gelegenheit, Wort für Wort genau anzusehen.